DİLİNİZ ŞƏFAYA EHTİYAC DUYURMU?

Derek Prins

Mündəricat

1-ci fəsil

ÖLÜM, YA HƏYAT?

Bu bölmədə belə bir sualı araşdıracağıq: Diliniz şəfaya ehtiyac duyurmu? Bu mövzunu tədqiq etdikcə siz xeyli təəccüblənə bilərsiniz!

İcazə verin əvvəlcə Yaradanın insanın başını necə yaratdığı haqqında çox əhəmiyyətli faktları nəzərinizə çatdırım. Hər birimizin başında **yeddi** dəlik mövcuddur; Müqəddəs Kitabda yeddi rəqəmi tamamlığa işarə edir. Biz üç cüt dəliyə malikik: iki göz, iki qulaq və iki burun deşiyi. Yaradan Allah ağız olan yeddinci dəliyi məhdudlaşdıraraq onu tək yaratdı. Mən çox vaxt adamlardan soruşuram: «Kim bir dənədən çox ağıza malik olmağı arzu edir»? Ancaq mən heç vaxt bunu arzulayan bir kəs ilə görüşməmişəm. Çoxumuz bizdə olan bu bir ağızdan düzgün istifadə etmək üçün əlimizdən gələni edirik. Bu dəlik bizə digər altısının cəmindən daha çox problemlər yaradır!

Əgər siz Müqəddəs Kitab lüğətini götürüb bu dəliyə aid olan «ağız», «dil», «dodaqlar», «nitq», «sözlər» və s. kimi sözlərə nəzər salsanız, Müqəddəs Kitabın bu mövzuya aid nə qədər deyiləsi sözü olduğunu görüb heyrətlənəcəksiniz. Buna ciddi səbəb var. Bizim varlığımızda ağız və dildən çox rifahımızla bilavasitə daha əlaqəli olan heç bir sahə yoxdur.

Bu tədqiqatın birinci bölməsində mən ağzın və dilin həyati əhəmiyyətini vurğulayan Müqəddəs Kitabın bir neçə hissəsi ilə bölüşmək istəyirəm. Növbəti bölmələrdə isə Müqəddəs Kitab ayələrindən gələn prinsiplər barədə danışacağam.

Əvvəlcə biz Zəbur 34:11-13-ü nəzərdən keçirəcəyik:

"Gəlin, ey övladlar, məni dinləyin, Rəbb qorxusunu sizə öyrədim: kim həyatdan kam almaq istəyirsə, uzun ömür sürüb xoş gün görmək istəyirsə, qoy dilini şərdən, ağzını fırıldaq üçün işlətməkdən qorusun".

Allahın Ruhundan ilham almış Kəlam Allahın övladları olan bizə Rəbb qorxusunu öyrədir. Müqəddəs Kitaba görə, insana ən böyük xeyir-duanı, səmərəliliyi və əminliyi məhz Rəbb qorxusu gətirir. Beləliklə, Müqəddəs Kitab bizə Rəbb qorxusunu öyrədəndə sonsuz dəyərə malik olan təkliflər edir. Məzmur müəllifi burada deyir ki, «uzun ömür» və «xoş gün» Rəbb qorxusu ilə birgə gedir. Müqəddəs Kitabda bol həyat və Rəbb qorxusu həmişə əlaqələndirilir. Biz nə qədər çox Rəbb qorxusuna malik olsaq, bir o qədər də çox həyatdan zövq alacağıq.

Əslində, Rəbb qorxusu harada başlayır? Bu, çox aydındır. Məzmur müəllifi deyir: *"...dilini şərdən, ağzını fırıldaq üçün işlətməkdən qoru"*. Başqa sözlə, Rəbb qorxusu, ilk növbədə, bizim dilimiz və ağzımızla göstəriləcək. Əgər biz dilimizi şərdən, ağzımızı isə fırıldaq üçün işlətməkdən qoruya bilsək, Rəbb qorxusunu tam yaşaya bilərik.

Sonra, Rəbb qorxusundan həyat və xoş günlər gəlir. Rəbb qorxusu, həyat, xoş günlər, dilimizə və ağzımıza nəzarət və onlardan düzgün istifadə – bunların hamısı bir-biri ilə əlaqəlidir. Dilimizi və ağzımızı idarə etməsək, xoş həyat yaşaya bilmərik. Süleymanın Məsəlləri 13:3 deyir: *"Dilini saxlayan canını qoruyar, boşboğaz başını bəlaya salar"*.

Sizin şəxsiyyətiniz daxilinizdəki varlıqdır. Əslində, siz daxildə olduğunuz kimisiz. Məhz burada bütün zəifliklləriniz aşkardır, düşmən də, ilk növbədə, buraya daxil olur. Əgər ürəyinizi qorumaq istəyirsinizsə, ağzınızı qorumalısınız. Əgər fikirləşmədən danışırsınızsa, məhv olacaqsınız. Alternativ variant çox aydındır: dilinizi idarə etsəniz, müdafiə olunacaqsınız; əgər diliniz idarədən çıxırsa, öz sözlərinizin ağası olmursunuz, onda sizi sonda ölüm gözləyir. Bu, çox aydın və sadədir.

Süleymanın Məsəlləri Kitabı bu prinsiplərlə doludur. Süleymanın Məsəlləri 21:23-ü nəzərdən keçirin:

"Ağzını, dilini tutan insan canını bəlalardan saxlayar".

Yenə də, qorumalı olduğunuz həyati əhəmiyyətli sahə sizin ağzınız və dilinizdir. Bu, qara və ağ kimidir. Ortada heç bir boz rəng yoxdur. Ağzınızı və dilinizi qorusanız, ürəyinizi və həyatınızı müdafiə etmiş olursunuz. Bu halda siz təhlükəsiz vəziyyətdə olursunuz. Lakin bunu etməsəniz, bədbəxtlik baş verəcək. «Bədbəxtlik» çox güclü sözdür və mən bilirəm ki, Müqəddəs Kitab bu sözdən qəsdən istifadə edir. Ağzımızı və dilimizi qoruya bilməsək son nəticədə bədbəxtliyə uğrayacağıq.

Süleymanın Məsəlləri Kitabında dilə aid xüsusilə əhəmiyyətli iki ayə var.

"Şəfa gətirən dil həyat ağacıdır, əyri dil ürək qırar"
(Süleymanın Məsəlləri 15:4).

Bu aydın göstərir ki, dilimiz şəfaya ehtiyac duya bilər. Hesab edirəm ki, hər günahkarın dili şəfaya ehtiyac duyur. Hər bir kəsin dilində günah görünür. İnsan bəzi sahələrdə günah etməyə də bilər. Ancaq dil elə bir sahədir ki, hər günahkar bu sahədə günah edir. Dil Allahdan şəfa almalıdır.

«Şəfa gətirən dil həyat ağacıdır». Yenə də, dilin düzgün istifadəsi ilə həyat arasında yaxın əlaqəyə fikir verin. Əks halda, «əyri dil ürək qırar». "Əyri" – səhv istifadə olunan dili nəzərdə tutur. Dil səhv istifadə olunduqda ürək qırılır və ya ruh "sızır".

Yadımdadır, bir dəfə qonaq vaiz bir şəxs üçün dua edərək «Rəbb, Müqəddəs Ruh ilə onu doldur» dedi.

Ancaq onu yaxşı tanıyan pastor dedi: «Doldurma, Rəbb; o, sızır».

Müqəddəs Ruh ilə dolan və xeyir-dualar alan ələri var ki, bərəkət dillərindən axıb gedir. Rəbbin xeyir-duasını özünüzdə saxlamaq istəyirsinizsə, dilinizə güclü nəzarət etməlisiniz. Xeyir-dua almaq bir şeydir; xeyir-duanı özündə saxlamaq isə başqa şeydir. Dilin şəfası həyat ağacıdır; o, bizə və başqalarına həyat gətirir. O, həm daxildə, həm də zahirdə işləyir.

"Ölüm və həyat dilin əlindədir, onu sevənlər barından yeyir"

(Süleymanın Məsəlləri 18:21).

Hər iki variant çox aydındır. Bu ya ölüm, ya da həyatdır. Bunların hər ikisi dilin hakimiyyəti altındadır. Əgər biz öz dilimizdən düzgün istifadə ediriksə, həyat ağacı olacaq. Əgər öz dilimizdən düzgün istifadə etmiriksə, nəticəsi ölümdür. Öz dilimizdən necə istifadə edəcəyiksə, müvafiq meyvələri də yetişdirəcəyik. Hər birimiz öz dilimizin bəhrəsini yeyirik. Əgər meyvə şirindirsə, şirin meyvə yeyəcəyik. Əgər meyvə acıdırsa, acı meyvə ilə qidalanacağıq. Allah bu yolu qabaqcadan müəyyən etmişdir.

Dil əsas üzvdür. Ölüm və həyat dilin hakimiyyəti altındadır.

2-ci fəsil

ÜRƏK DOLULUĞUNDAN AĞIZ DANIŞAR

Bir nümunə mövzumuzu daha aydın edər. II Dünya Müharibəsi zamanı mən Şimalı Afrikada Britaniya Ordusunda xəstəxana növbətçisi idim. Bir dəfə mən səhrada yerləşən və yalnız dizenteriya xəstələrinə xidmət edilən kiçik bir qəbul məntəqəsinə başçı təyin edildim.

Hər səhər həkimin rəhbərliyi altında qumun üstündə xərəklərdə uzanmış xəstələrə baş çəkirdik. Fikir verdim ki, hər səhər həkim xəstələri həmişə eyni iki cümlə ilə salamlayırdı. Birincisi, «Sabahınız xeyir, necəsiniz?», ikincisi, "Mənə dilinizi göstərin".

Tezliklə başa düşdüm ki, həkim "Necəsiniz?» sualının cavablarına çox az fikir verirdi və dərhal növbəti suala keçirdi: "Mənə dilinizi göstərin". Xəstə dilini göstərəndə həkim ona çox diqqətlə baxırdı. Həkim xəstənin vəziyyətini "Necəsiniz?" sualına onun cavabına görə yox, dilinə baxmaqla qiymətləndirirdi.

Mən bunu yadda saxladım və sonralar xidmətə başlayanda bunu dəfələrlə yadıma salırdım, çünki həkim xəstələri ilə davrandığı kimi, Allah da bizimlə eyni cür davranır. Allah bizdən «Necəsiniz?» deyə, soruşa bilər və biz Ona vəziyyətimizi təsvir edə bilərik. Ancaq fikirləşirəm ki, sonra Allah bizə «Mənə dilini göstər» deyir. Allah dilimizə baxanda bizim həqiqi mənəvi vəziyyətimizi müəyyən edir, çünki dilimiz ruhani vəziyyətimizi çox düzgün əks etdirir.

İndi isə biz Müqəddəs Kitaba istinad edəcəyik. Bəzi ayələr ürək ilə ağız arasında birbaşa əlaqənin mövcud olduğu prinsipi təsvir edir. İsa deyir:

"Ya ağaca yaxşı, bəhrəsinə də yaxşı deyin, yaxud ağaca pis, bəhrəsinə də pis deyin; çünki ağac bəhrəsindən tanınır. Ey gürzələr nəsli, siz pis olduğunuz halda necə yaxşı şeylər söyləyə bilərsiniz? Çünki ürək doluluğundan ağız danışar. Yaxşı adam yaxşılıq xəzinəsindən yaxşı şeylər çıxarır, pis adam isə pislik xəzinəsindən pis şeylər çıxarır. Mən sizə deyirəm: insanlar söylədikləri hər boş söz üçün qiyamət günü hesab verəcəklər. Çünki öz sözlərinə görə haqq qazanacaqsan və öz sözlərinə görə məhkum olunacaqsan»" (Matta 12:33-37).

İsa burada metaforik dildən istifadə edərək ağız ilə ürəyi birbaşa əlaqələndirir. O, ürəyi ağaca, sözləri isə meyvəyə bənzədir. Ağızdan çıxan sözlər ürəyinizin vəziyyətini göstərir. İsa deyir: «Yaxşı adam yaxşılıq xəzinəsindən yaxşı şeylər çıxarır, pis adam isə pislik xəzinəsindən pis şeylər çıxarır». Fikir verin ki, İsa üç dəfə «yaxşı» və üç dəfə «pis» sözündən istifadə edir. Əgər ürək yaxşıdırsa, onda ağızdan yaxşı sözlər gələcək. Əgər ürək pisdirsə, ağızdan pis sözlər gələcək.

Matta 7:17-18-də İsa oxşar sözlər deyir: "Beləcə də hər yaxşı ağac yaxşı bəhrə, pis ağac isə pis bəhrə verər. Yaxşı ağac pis bəhrə verə bilməz, pis ağac da yaxşı bəhrə verə bilməz".

Ağacın növü meyvənin növünü müəyyən edir. Biz bir meyvə görəndə onun hansı ağacın barı olduğunu bilirik. Ağac ürəkdir, meyvə isə ağızdır. Ürək yaxşıdırsa, ağızdan çıxan sözlər də yaxşı olacaq. Lakin ağızdan çıxan sözlər pisdirsə, onda biz ürəyin də pis olduğunu bilirik. Yaxşı ağac pis bəhrə verməz, eləcə də, pis ağac yaxşı bar verə bilməz. Ürəyin vəziyyəti ilə ağzın vəziyyəti arasında bilavasitə və qaçılmaz əlaqə mövcuddur.

Öz xeyirxahlığımızı, təmizliyimizi və ya düzgünlüyümüzü iddia edərək ürəyimizin vəziyyəti haqqında özümüzü aldada bilərik, ancaq ağzımızdan çıxan sözlər ürəyimizin dəqiq və düzgün göstəricisidir. Əgər ağzımızdan pozğun sözlər çıxırsa, onda ürəyimizin vəziyyəti də pozğundur. Burada başqa bir nəticə ola bilməz.

Mən Şərqi Afrikada beş il ərzində maarifləndirici işi ilə məşğul oldum. İşlədiyim tayfalardan biri Mariqoli adlanırdı. O dildə «ürək» və «səs» üçün eyni sözün istifadə olunduğunu biləndə heyrətləndim. Adamlar danışarkən bu sözdən istifadə edəndə mənanı müəyyən etmək mənə çətin idi. O, «sizin ürəyiniz», yoxsa «sizin səsiniz» demək istəyir? Ancaq bunu götür-qoy edərkən sözün istifadəsini dərk etməyə başladım. Əslində, səs ürəyi əks etdirir. Sözlər vasitəsilə səs ürəyin vəziyyətini bildirir. İsanın sözlərinin mənası budur: "yaxşı ürəkdən pis söz çıxa bilməz və pis ürəkdən yaxşı söz çıxa bilməz".

Məncə, ruhani vəziyyətimizi müəyyən etmək üçün Allah dilimizə diqqət yetirir. Siz deyə bilərsiniz: «Ey Allah, mən çox yaxşı imanlıyam. Mən həqiqətən Səni sevirəm və imanlı cəmiyyətinə gedirəm». Allah isə deyir: «*Mənə dilini göstər. Dilin ürəyinin əsl vəziyyətini göstərir*». Gəlin Əhdi-Ətiqdən iki peyğəmbərliyə nəzər salaq:

Birincisi Məsihin Özü haqqında;

İkincisi isə Məsihin Gəlini olan İmanlı Cəmiyyəti haqqındadır. Hər dəfə ağzın vəziyyətinin ilk növbədə, xüsusilə də necə vurğulandığına fikir verin. Zəbur 45:1-2-də bizə Məsihə aid ecazkar peyğəmbərlik verilir:

"Qəlbim yaxşı sözlərlə çağlayır, qoy şeirlərimi padşahıma söyləyim, dilim mahir bir xəttatın qələminə oxşayır. Bəşər övladlarının ən gözəli sənsən, dodaqlarından lətafətli sözlər tökülür, çünki Allah səni əbədilik xeyir-dualı edib".

Bu, lütfkar Məsihin, Onun gözəlliyinin və mənəvi təmizliyinin təsviridir. Onun gözəlliyinin hansı təzahürü birinci göstərilir? Onun sözləri. Burada deyilir: «Dodaqlarından lətafətli sözlər tökülür, çünki Allah səni əbədilik xeyir-dualı edib». Burada çox vacib olan iki prinsip verilir.

Birincisi, Məsihin lütfü ilk növbədə, Onun ağzında görünür.

İkincisi, Onun ağzındakı lütfə görə Allah Ona həmişəlik xeyir-dua vermişdir. İsa insan bədənində təzahür edəndə Onu həbs etmək üçün göndərilən adamlar əliboş qayıtdılar. Onlardan soruşdular: «Niyə Onu gətirmədiniz?» Mühafizəçilər cavab verdilər: «Hələ indiyəcən heç bir insan belə danışmayıb» (Yəhya 7:45-46). Onun ağzından tökülən lütf Onun Məsih olduğuna işarə edirdi.

Nəğmələr Kitabında Məsih ilə Onun Gəlini arasında münasibətlər haqqında peyğəmbərlik sözü yazılıb. Nəğmələr Kitabı 4:3 gəlinə belə müraciət edir:

"Dodaqların qırmızı qaytan kimi aldır, dilin nə qədər şirindir, kəsilmiş nar kimi yaşmaqladığın yanaqlarından qan damır".

Gəlin haqqında danışarkən, ilk növbədə, onun dodaqları qeyd olunur: «Dodaqların qırmızı qaytan kimi aldır». Al rəng İsanın Qanına işarə edir. Dodaqlara Qan toxunmuşdur. Nəticədə, dodaqlar gözəl olur. Fikir verin ki, yanaqlar yaşmaqlanmış olsa da, üz örtüyün arxasında gizlədilir. Lakin örtüyün arxasından səs eşidilir. Digər gözəl hissələr örtüyün arxasında gizlədilir, ancaq səsin gözəlliyi örtüyün arxasından gəlir. Səs aydın eşidilir. Nəğmələr Kitabının eyni fəslində biz daha sonra oxuyuruq:

"Ay gəlin, dodaqlarından şanı balı axır, bal və süd sənin dilinin altındadır. Paltarlarından Livanın ətri gəlir" (Nəğmələr Kitabı 4:11).

Gəlinin dilinə aid iki söz istifadə olunur: "bal" və "süd". Bu sözlər, həmçinin vəd olunmuş torpağın iki fərqləndirici xüsusiyyətidir. Vəd olunmuş torpağın gözəlliyi gəlində, xüsusilə də onun dilində və ağzında görünür. Örtüyün arxasındakı gözəl ağız ətir saçır. Yenə də, gəlinin siması örtüyün arxasında aydın görünmür, ancaq onun səsi və ətri onun gözəl ağzından duyulur. Onun dodaqları qırmızı qaytan kimi aldır, dili də çox şirindir.

İsanın davamçısı olan siz və məndə də bu belədirmi? Biz bu sualı özümüzə verməliyik.

3-cü fəsil

MÜQƏDDƏS KİTAB DİL BARƏDƏ NƏ ÖYRƏDİR

Biz ürək ilə ağız arasında birbaşa əlaqəni nəzərdən keçirdik. Matta 12:34-də İsa deyir: *"Ürək doluluğundan ağız danışar"*. Ürək dolu olanda ağızdan aşıb-daşır və ürəyin əsl vəziyyətini göstərir.

Əhdi-Ətiqdə Məsih və Məsihin Gəlini olan İmanlı Cəmiyyəti təsvir olunur. İmanlı Cəmiyyəti Allahın lütfünün göstəricisidir. Onların ağzı və ağızlarından çıxan sözlər mənəvi gözəlliyi əks etdirir.

İndi isə biz Müqəddəs Kitabın dil barədə nə öyrətdiyinə nəzər salacağıq. Yaqubun Məktubu bu mövzu barədə ətraflı yazır:

"Əgər sizdən biri özünün mömin olduğunu düşünür, amma ürəyini aldadıb öz dilini yüyənləmirsə, onun möminliyi puçdur" (Yaqub 1:26).

Biz özümüzü mömin adlandıra bilərik. İmanlı Cəmiyyətinə gedə, ilahi nəğmələr oxuya və mömin adam kimi davrana bilərik. Bütün bunlar yaxşıdır. Biz bunların hamısını edə bilərik, lakin dilimizə nəzarət etmiriksə, möminliyimiz gərəksiz və Allaha xoşagəlməzdir. Allah bu həqiqəti bütün möminlərə açsın.

Digər tərəfdən, Yaqub Allaha məqbul olan möminlik barədə danışır. Yenə də, bu, müasir mömin adamın davranışından fərqlənir.

"Ata Allahın hüzurunda pak və nöqsansız möminlik budur: yetimlərə və dullara onların əziyyətlərində qayğı göstərmək və özünü dünyadan qoruyub ləkəsiz olmaq" (Yaqub 1:27).

Mömin adamdan, ilk növbədə, imanlı cəmiyyətinə getmək və ya Müqəddəs Kitabı oxumaq deyil, ehtiyacda olanlara, xüsusilə də yetimlərə və dul qadınlara əməldə məhəbbət göstərməkdir.

Özünüzü mömin hesab edirsinizsə, vaxt ayırın və Yaqub 1:26-27-ni oxuyaraq Allahın Kəlamının güzgüsündə özünüzə baxın.

Dilinizi idarə etmirsinizsə, möminliyiniz gərəksizdir. Allaha məqbul möminliyə malik olmaq istəyirsinizsə ehtiyacda olanların, xüsusilə də yetimlərin və dul qadınların qeydinə qalın.

Yenə də səhrada xəstələrə baş çəkən həkim yadıma düşür. Onların cavabları həkimi maraqlandırmırdı, çünki o həmişə deyirdi: "Dilinizi mənə göstərin".

Əslində, bu iki ayədə Yaqub eyni sözü deyir. Allaha möminliyinizi göstərmək istəyirsinizsə, O deyəcək: «Mənə dilini göstər». Dilinizin vəziyyətindən Allah möminliyinizin həqiqi və məqbul olduğunu müəyyən edəcək.

Həyatımızda dilin funksiyasını Yaqub bir neçə yol ilə təsvir edir. Əvvəlcə Yaqub deyir:

"Hamımız çox büdrəyirik. Sözləri ilə büdrəməyən bir kimsə bütün bədəni də yüyənləyə bilən kamil bir insandır" (Yaqub 3:2).

Yaqub deyir ki, dilinizi idarə edə bilərsinizsə, bütün həyatınızı idarə edə bilərsiniz. Dilinizi idarə edə bilərsinizsə, siz mükəmməl adamsınız. Sonra Yaqub nümunə gətirməkdə davam edir:

"Bizə itaət etsinlər deyə atların ağzına yüyən taxırıq, beləcə bütün bədənlərini döndəririk. Bax gəmilər də böyük olduqları və güclü küləklər tərəfindən aparıldıqları halda sükançının könlü haraya istəyirsə, kiçicik bir sükanla oraya dönür. Dil də elədir, bədənin kiçik üzvüdür, amma çox öyünür. Baxın, balaca bir qığılcım böyük bir meşəni yandırır! Dil də oddur. Dil bədən üzvlərimizin arasında haqsızlıq dünyasıdır. O bütün bədənimizi ləkələyir və özü cəhənnəmdən odlandırıldığı kimi həyatımızın gedişatını da odlandırır. Çünki istər heyvanların, istərsə də quşların, istər sürünənlərin, istərsə də dəniz məxluqlarının hər cinsi insan nəsli tərəfindən əhliləşdirilir və əhliləşdirilmişdir. Amma dili heç bir insan əhliləşdirə bilmir. Dil qarşısıalınmaz bəladır və öldürücü zəhərlə doludur" (Yaqub 3:3-8).

Yaqub dilin əhəmiyyətini və bütün həyatımızın gedişinə təsirini qeyd edir. Əvvəlcə o, atın ağzı barədə danışır: «Bizə itaət etsinlər deyə atların ağzına yüyən taxırıq, beləcə bütün bədənlərini döndəririk».

Müqəddəs Kitabda at adətən fiziki qüvvəni təmsil edir. Yaqub deyir ki, yüyən ilə hətta ən güclü atın ağzını idarə etsəniz, heyvanın bütün bədənini idarə edə bilərsiniz. Atın ağzını idarə etməklə onun bütün qüvvəsi tabe etdirilir. Bu, bizimlə də belədir. Ağzımızı idarə edən şey bütün həyatımızın gedişatını idarə edir.

Növbəti nümunə dili gəminin sükanı ilə müqayisə edir. Gəmi böyük ola bilər, güclü küləklər və dalğalar onu ora-bura aparar. Gəmidə sükan adlanan həlledici və balaca bir hissə var. Sükanın istifadəsi gəminin bütün gedişini müəyyən edir. Sükandan düzgün istifadə olunursa, gəmi sağ-salamat limana gələcək. Əgər sükandan düzgün istifadə edilmirsə, çox güman ki, gəmi qəzaya uğrayacaq.

Yaqub deyir ki, bu, bizim həyatımızda da belədir. Dil sükandır. Dilimiz həyatımızın gedişatını idarə edir. Dilimizin sükanından müvafiq şəkildə istifadə edilsə, biz təyin olunmuş yerimizə sağ-salamat gəlib çatacağıq. Lakin dilimizdən müvafiq şəkildə istifadə edilməsə, qəzaya uğrayacağıq.

Yaqub, həmçinin meşə yanğını yarada bilən balaca qığılcımı nümunə gətirir. Hər il meşə yanğınları milyonlarla ziyan doğurur və onlar adətən, Yaqubun dediyi kimi, balaca qığılcımla başlayır. Xəbərdarlıq belədir: "Meşə yanğınının qarşısını yalnız siz ala bilərsiniz".

Ruhani dünyada da bu belədir. Dil nəhəng meşə yanğınını doğura bilən və milyonlarla ziyan vuran kiçik qığılcıma bənzəyir. Bir çox imanlı cəmiyyətləri və icmalar artıq mövcud deyil, çünki bir dil qığılcıma təkan verdi və sonra hər şey tamamilə elə məhv oldu ki, sonra bərpa da mümkün olmadı.

Yaqubun gətirdiyi sonuncu nümunə ölümcül zəhərin mənbəyidir. O deyir ki, dil öldürücü üzvə bənzəyir; infeksiyanı yayaraq bütün həyatımızı zəhərləyə bilər.

Bu nümunələri təkrar nəzərdən keçirin: atın ağzında yüyən, gəmidə sükan, meşə yanğınını başlayan qığılcım və həyatın gedişatına daxil olan zəhər. Bu illüstrasiyaların hər birinin əsasında duran prinsip eynidir: dil bədənin balaca hissəsidir, ancaq o, hesabagəlməz və bərpa olunmaz ziyanı doğura bilir.

Yaqub mömin adamlara uyğun olmayan xüsusiyyətlər barədə danışmaqda davam edir:

"Dilimizlə Rəbb Ataya alqış edirik. Dilimizlə də Allahın surətində yaradılmış insanları lənətləyirik. Alqış və lənət eyni ağızdan çıxır. Qardaşlarım, bu, belə olmamalıdır. Bir bulağın eyni gözündən şirin və acı su çıxarmı? Qardaşlarım, əncir ağacı zeytun və üzüm tənəyi də əncir yetişdirə bilərmi? Eləcə də, şor bulaqdan şirin su gələ bil-məz" (Yaqub 3:9-12).

Yaqub İsanın dediklərini təkrarlayır. Ağac yaxşıdırsa, meyvəsi də yaxşı olacaq. Ürəyinizdə əncir ağacı varsa, ağzınızdan əncirlər töküləcək. Ürəyinizdə üzüm meynəsi varsa, ağzınızdan əncir tökülə bilməz. Ağzınızdan çıxan şeylər ürəyinizdə olanları göstərir.

Su nümunəsi də eynidir. Əgər ağzınızdan çıxan su şirindirsə, ürəyinizdəki bulaq da şirindir. Əgər ağzınızdan çıxan su şordursa, ürəyinizdəki bulaq da şordur. Beləliklə, ağızdan çıxan sözlər ürəyin əsl vəziyyətini göstərir.

4-cü fəsil
SÖZLƏR GƏLƏCƏYİ MÜƏYYƏN EDİR

Yaqub müxtəlif nümunələrdən istifadə edir, lakin bunların hamı-sının mahiyyəti eynidir: həyatımızda dilin rolu. Dil özü balacadır, ancaq nəzarətsiz qalsa, saysız-hesabsız zərər doğura bilər. Nəzər saldığımız dörd nümunədən (atın ağzında yüyən, gəmidə sükan, meşə yanğınını başlayan qığılcım və həyatın gedişatına daxil olan zəhər) dilin nəhəng potensialını ən yaxşı gəminin sükanı göstərir.

Sükan gəminin balaca hissəsidir və suyun altında yerləşir. Su səthində üzən gəmiyə baxanda, siz onu görmürsünüz. Lakin gözə görünməyən bu balaca hissə gəminin istiqamətini müəyyən edir. Sükandan düzgün istifadə edilirsə, gəmi təyin olunmuş limana sağ-salamat çatacaq. Amma sükandan səhv istifadə edilərsə, gəmi mütləq qəzaya uğrayacaq. Sükan istiqaməti və bütün gəminin ge-dəcəyi yeri müəyyən edir.

Müqəddəs Kitab deyir ki, dil də bizim bədənimizdə buna bənzər şəkildə hərəkət edir. Adamların zahiri görünüşünə baxanda, adətən onların dilini görmürük. Lakin bu balaca, nəzərə çarpmayan üzv gəmidə sükan kimidir. Dilin istifadəsi şəxsin həyatının gedişatını müəyyən edir. Dil insanın gələcəyini müəyyən edir.

Bu məsələni tədqiq edərkən İsrailin tarixindən bir nümunəni nəzərdən keçirmək istəyirik. Burada örnək belədir: Adamlar öz dillərindən istifadə etməklə öz gələcəklərini müəyyən edirlər.

Nəzər salacağımız mətn Saylar Kitabının 13 və 14-cü fəsillərindədir. Misirdən çıxmış İsraillilər vəd olunmuş torpağa yollanırlar. Torpağı gözdən keçirmək və şəhərlər, sakinlər, eləcə də, torpağın barı haqqında xəbər gətirmək üçün Allah Musa vasitəsilə on iki nəfər casus göndərir. Onlar on iki tayfanın rəhbərinin arasından seçildi. Onlar qırx gün torpaqda gəzəndən sonra geri qayıtdılar və belə dedilər:

"Bizi göndərdiyin ölkəyə çatdıq. Həqiqətən də, orada süd və bal axır. Budur o torpağın meyvələri! Lakin orada yaşayan xalq çox güclüdür. Şəhərlər istehkamlı və çox böyükdür. Hətta orada Anaqlıları gördük" (Saylar 13:26-28).

Allah sizə vəd verəndə siz onu inamla, yoxsa şübhə ilə qəbul edirsiniz? Bu adamlara mane olan və onları qəm-qüssəyə qərq edən məhz bu öldürücü "lakin" sözü oldu.

Casuslardan ikisi – Kalev və Yeşua isə bu mənfi münasibətdən imtina etdilər. Saylar 13:30-31-də oxuyuruq:

"Kalev Musanın önündə camaatı sakitləşdirib dedi: «Gedib oranı ələ keçirək. Çünki biz mütləq onların öhdəsindən gələrik». Onunla gedən adamlar isə dedilər: «O xalqa hücum edə bilmərik, çünki onlar bizdən güclüdürlər»".

Gəlin istifadə olunan sözlərə fikir verək. Kalev «biz mütləq onların öhdəsindən gələrik» dedi. Digər on casus isə dedi: «O xalqa hücum edə bilmərik». Casuslardan ikisi «öhdəsindən gələrik» deyə, müsbət münasibət göstərdi. Başqaları isə «edə bilmərik» dedi. Hekayəni oxuyanda görəcəksiniz ki, hər biri dediklərinə uyğun əvəzi aldılar. Hər kəsin gələcəyi onların sözləri ilə müəyyən edildi.

"Rəbb dedi: Sənin ricana görə bağışladım, amma Varlığıma və Rəbbin bütün dünyanı dolduran izzətinə and olsun ki, izzətimi və Misirdə, eləcə də səhrada etdiyim əlamətləri görüb Məni on dəfə sınayan, Mənim sözümü dinləməyən bu adamların heç biri atalarına and içərək vəd etdiyim torpağı görməyəcək və Mənə hörmətsizlik edənlərin heç biri oranı görməyəcək. Ancaq qulum Kalevdə başqa ruh var. O, bütün qəlbi ilə ardımca getdi. Onu gəzdiyi torpağa aparacağam və onun nəsli oranı irs olaraq alacaq" (Saylar 14:20-24).

Müsbət etirafı ilə Kalev öz müsbət gələcəyini qurdu. Saylar 14:26-32 davam edir:

"Rəbb Musaya və Haruna dedi: Nə vaxta qədər bu pis icma Mənə qarşı deyinəcək? İsrail oğullarının Mənə deyinmələrini eşitdim. Onlara de ki, Rəbb deyir: Varlığıma and olsun ki, Mənə qarşı dediklərinizin eynisini sizə edəcəyəm. Meyitləriniz bu səhraya sərilcək. Mənə deyinən iyirmi və ondan yuxarı yaşda olub siyahıya alınanların hamısı səhrada öləcək, sizi sakin edəcəyimə əlimi qaldırıb and içdiyim torpağa girməyəcəksiniz. Oraya yalnız Yefunne oğlu Kalev və Nun oğlu Yeşua girəcək. Lakin ‹əsir olacaqlar› dediyiniz uşaqlarınızı oraya aparacağam və sizin rədd etdiyiniz ölkəni onlar tanıyacaqlar. Sizə gəldikdə isə meyitləriniz bu səhraya sərilcək".

Bu sözlərə fikir verin: «Mənə qarşı dediklərinizin eynisini sizə edəcəyəm». Başqa sözlə, Allah deyir: «Edəcəyimi sözlərinizlə özünüz təyin etdiniz».

"Musanın ölkəni nəzərdən keçirmək üçün göndərdiyi adamlar qayıdıb ölkə haqqında pis xəbər gətirərək bütün icmanın Rəbbə qarşı deyinməsinə səbəb oldular. Ölkə haqqında pis xəbər gətirənlər Rəbbin önündə vəbadan öldü. Ölkəni nəzərdən keçirmək üçün gedənlərdən yalnız Nun oğlu Yeşua və Yefunne oğlu Kalev sağ qaldılar" (Saylar 14:36-38).

Ölüm və həyat dilin hakimiyyəti altındadır. Bunu daha aydın necə izah etmək olar? Mənfi söz danışan adamlar özlərini ölümə məhkum etdilər. Müsbət söz danışan adamlar isə həyat aldılar. İnsanlar öz gələcəklərini danışdıqları sözlərlə müəyyən edirlər. «Bacarmarıq» deyən kəslər bacarmadılar. «Bacararıq» deyən kəslər isə bacardılar.

Əhdi-Cədiddə bizim məsihçi təcrübəmiz Əhdi-Ətiqdəki İsrailin təcrübəsi ilə bilavasitə müqayisə olunur. Eyni öyüdün bizə aid olduğu barədə biz xəbərdar edilirik. İbranilərə 4:1-2-də oxuyuruq:

"Beləliklə, Allahın rahatlıq diyarına girmək vədi hələ də qüvvədə olarkən hər birinizin bundan məhrum olmasından qorxaq. Çünki Misirdən çıxanlar kimi biz də Müjdə aldıq. Amma onların eşitdiyi kəlam onlara xeyir gətirmədi, çünki bu kəlama qulaq asanların imanına şərik olmadılar".

Allahın İsrailə verdiyi rahatlıq diyarına girmək vədi bizə də aiddir. Əhdi-Ətiqdə onlar xeyir-duadan məhrum oldular, buna görə biz də bundan məhrum olmaqdan qorxmalıyıq. Onlara bəla gətirən şey – Allahın vədinə diqqət yetirmək, cəsarətlə Allahın vədində və qüdrətinə öz inamlarını etiraf etmək əvəzinə onlar inamsızlığa qərq oldular. Onlar güclü xalqa, istehkamlı şəhərlərə baxdılar və «edə bilmərik» dedilər. Şükür Allaha ki, inama və cəsarətə malik olan, «öhdəsindən gələrik» deyən iki nəfər tapıldı.

Müəyyən vəziyyətə aid Allahın vədini eşidəndə nə deyirsiniz? Siz bu vəd ilə razılaşırsınızmı? Siz Allahın vədini qəbul edərək «Allah bunu deyir; mən bunun öhdəsindən gələrəm» deyirsinizmi? Yaxud «Problemlərə baxın! Allah bunu deyir; ancaq mən bunun öhdəsindən gələ biləcəyimi mümkün hesab etmirəm». Yadda saxlayın, sözləri ilə öz gələcəyini müəyyən edən o casuslar kimi, Müjdəni eşidən hər bir kəs də eyni qaydaya tabedir. Danışdığımız sözlərlə biz öz taleyimizi müəyyən edirik.

On iki casusdan on nəfər diqqətini vədlərdə deyil, problemlərdə cəmlədi. On iki casusdan yalnız iki nəfər – Yeşua və Kalev diqqətlərini problemlərdə deyil, vədlərdə cəmlədi. Yeşua və Kalev "öhdəsindən gələrik", başqaları isə «bunu edə bilmərik» dedilər. Hər kəs öz sözünün bəhrəsi ilə üzləşdi. Öz dillərindən istifadə etmələri onların gələcəyini müəyyən etdi.

5-ci fəsil

DİLİN XƏSTƏLİKLƏRİ

Biz "Ölüm və həyat dilin əlindədir" prinsipini nümayiş etdirən Əhdi-Ətiqdən bir nümunəyə nəzər saldıq. Biz öyrəndik ki, dildən düzgün istifadə həyat, səhv istifadə isə ölüm gətirir.

İndi isə biz dilimizə təsir göstərən müəyyən xəstəlikləri nəzərdən keçirəcəyik.

Dilimizin səhv istifadəsi nəticəsində həyatımızı yoluxduran bu altı xəstəlik diqqətsiz qaldığı halda bəzi hallarda ölümə gətirib çıxarır.

Birinci xəstəlik: HƏDDƏN ARTIQ SÖHBƏTCİLLİK

Bu xəstəlik o qədər yayılmışdır ki, adamlar bunu adi bir şey kimi qəbul edirlər, amma əslində bu, belə deyil.

"Çox sözlərlə günahı azaltmaq olmaz, dilini saxlayan ağıllıdır" (Süleymanın Məsəlləri 10:19).

Başqa sözlə, çox danışsanız mütləq günah edəcəksiniz. Başqa cür ola bilməz.

Müqəddəs Kitab, həmçinin bizə Allahın hüzurunda çox danışmamaq barədə xəbərdarlıq edir. Həqiqətən, bu xəbərdarlığı eşitməyə çoxumuz ehtiyac duyur.

"Allahın evinə getdiyin zaman hərəkətlərinə diqqət et. Qulaq asmaq üçün oraya girmək yaxşı və pisin nə olduğunu bilməyən səfeh adamların qurban təqdim etməsindən yaxşıdır. Dilin tələsməsin, Allahın hüzurunda söz deməyə ürəyin tələsməsin. Çünki Allah göydədir, sən yerdə. Buna görə də az danış" (Vaiz 5:1-2).

Kimsə bir dəfə mənə dedi: «Yadda saxla: yalanı ilahi nəğmədə oxumaq yalan danışmaq kimi günahdır». Adamlar ilahi nəğmələrdə tam həsr olunduqlarını və Allaha təslim olduqlarını söyləyir (məsələn, "hər şeyi İsaya həsr edirəm"), ianəyə gəldikdə isə qəpik-quruş verirlər. Söz ilə hərəkət bir-birinə uyğun deyildir. Allaha həyatınızı həsr etmirsinizsə, Ona hər şeyi həsr etdiyinizi deməyin, çünki Allahın hüzurunda söylədiyiniz (və ya oxuduğunuz) sözlərə görə cavabdehsiniz.

Daha sonra həmin fəsildə Müqəddəs Kitab deyir ki, danışarkən, dua və ya ibadət edərkən bizim dediklərimizin hamısını mələk qeyd edir. Bir gün həmin mələk və onun yazdığı sözlərimizlə üzləşəcəyik. Müqəddəs Kitab deyir ki, onda «mən bunu nəzərdə tutmurdum, belə demək istəmirdim» etirafı artıq gec olacaq, çünki biz bütün söhbətlərdə, nəğmələrdə və ya dualarda dediklərimizə görə cavabdeh olacağıq. Bir gün bütün sözlərimiz qarşımıza qoyulacaq və qeyri-səmimi olduğumuza, eləcə də, sözümüzlə əməllərimiz düz gəlmədiyinə görə cavab verəcəyik.

"Necə ki iş çox olanda adam yuxu görər, söz də çox olanda səfeh danışığa çevrilər" (Vaiz 5:3).

Çoxlu danışmaq axmağın əlamətidir. Bir kəsin dayanmadan danışdığını eşidəndə daha sizə başqa bir dəlil gərək deyil: həmin şəxs axmaqdır. Axmaq adamın səsi söylədiyi çoxlu sözlər ilə tanınar. Problemin kökü nədədir? Mən hesab edirəm ki, həyəcanda. Bu ayəyə fikir verin:

"Dili heç bir insan əhliləşdirə bilmir. Dil qarşısıalınmaz bəladır və öldürücü zəhərlə doludur" (Yaqub 3:8).

Daim danışanlar narahat adamlardır və bizim müasir həyatımız onlarla doldurulur. Nə vaxtsa sözləri ilə sizə başgicəllənmə gətirən insan ilə rastlaşmısınızmı? Problemin kökü nədədir? Aramsızlıqda. İnsanın həddən artıq çox danışması onun ürəyində sülhün olmamasının əlamətidir.

İkinci xəstəlik: BOŞ VƏ YA EHTİYATSIZ SÖZLƏR

Matta 12:36-da İsa deyir:

"Mən sizə deyirəm: insanlar söylədikləri hər boş söz üçün qiyamət günü hesab verəcəklər".

Bir gün danışdığımız hər söz üçün cavab verəcəyik. Boş, qeyri-səmimi, əslində demək istəmədiyimiz, düşünmədən söylədiyimiz, üstündə durmağa hazır olmadığımız və ya əməl etmədiyimiz sözlər üçün cavab verəcəyik. Dağüstü Vəzdə İsa deyir:

"Öz sözlərinə görə haqq qazanacaqsan və öz sözlərinə görə məhkum olunacaqsan" (Matta 5:37).

Bu, heyrətə salan bir bəyanatdır. Əgər demək istədiyimizdən daha çox söz deyiriksə, onda danışığımızda şişirtmə və ya lazımsız vurğu şərdən gəlir.

İcazə verin bu fikri sadə bir məsləhət ilə yekunlaşdırım. **Demək istəmirsinizsə, deməyin.** Bu sadə qaydaya riayət etsəniz, mən sizə söz verirəm ki, bütün həyatınız dəyişəcək. Siz başqa adam olacaqsınız. Bir il ərzində bu qaydaya riayət etsəniz, mən sizə söz verirəm ki, siz başqa və daha yaxşı insan olacaqsınız.

Üçüncü xəstəlik: QEYBƏT

"Xalq arasında xəbərçilik etmə; qonşunun qanının tökülməsini istəmə. Rəbb Mənəm" (Levililər 19:16).

Böhtan yaymaq, boş, düzgün olmayan, şişirdilmiş, pis niyyətli danışıq qeybətdir. Əhdi-Cədiddə Yunan dilində «iblis» sözünün mənası «böhtançı» deməkdir. Bu, sözün kökünün mənası və Əhdi-Cədiddə iblisin təsviridir. Əgər qeybət edir və ya söz uydurursunuzsa, siz faktiki olaraq, iblisin işini onun üçün edirsiniz. Siz iblisin nümayəndəsisiniz. Biz qeybəti yalnız yaymamağa deyil, qeybəti qəbul etməməyə görə də məsuliyyətliyik.

"Qeybətçinin sözləri şirin tikələrə bənzər, mədənin ən dərin yerlərinə düşər" (Süleymanın Məsəlləri 18:8).

Bu, insan təbiəti barədə çox düzgün deyilib. Bir nəfər haqqında pis söz eşidəndə insanın ürəyində nə isə sevinir. «Qeybətçinin sözləri şirin tikələrə bənzər». Qeybətin bir şirin tikəsi qarşınızda olanda ehtiyatlı olun və onu udmayın. O zəhərlidir. Onlar şirin olsa da, bizi zəhərləyirlər. Ürəklərimizə qəbul etdikdə qeybətin bu hissəcikləri həyatımızı da zəhərləyəcəklər.

"Sözgəzdirən sirləri açıb yayar; gərək boşboğaza qoşulmayasan" (Süleymanın Məsəlləri 20:19).

Görün, bu fərqli xəstəliklər necə yaxın əlaqəlidirlər. Sözgəzdirənə qulaq assanız boşboğaza qoşulmuş olursunuz. Oğrunu və oğurlanmış əşyaları qəbul etsəniz, onda qanuna görə siz oğurluqda iştirakçı olursunuz. Beləliklə, sözgəzdirəni qəbul etsəniz və qeybətə qulaq assanız söz gəzdirməkdə iştirakçı olursunuz.

"Ya Rəbb, çadırında kim qalar? Müqəddəs dağında kim məskən salar? Kamillik yolu ilə gedən, əməlisaleh olan, ürəkdən həqiqəti söyləyən, dilinə böhtan gəlməyən, dostuna yamanlıq etməyən, qonşusunu təhqir etməyən, şərəfsizə xor baxan, Rəbdən qorxanlarasa hörmət edən, zərərinə olsa belə, andından geri dönməyən, sələmlə pul verməyən, təqsirsizin əleyhinə işləmək üçün rüşvət almayan. Əsla sarsılmaz belə həyat sürən insan!" (Zəbur 15:1-3).

Allah qarşısında olmaq üçün bizdən üç şey tələb olunur. Biz kamillik yolu ilə gedən, əməlisaleh olan, ürəkdən həqiqəti söyləyən insanlar olmalıyıq. Lakin etməli olmadığımız üç şey də qeyd olunur. Biz dilinə böhtan gəlməyən, dostuna yamanlıq etməyən, qonşusunu təhqir etməyən insan olmalıyıq. Böhtan atmamaq kifayət deyil, böhtançını qəbul etməməliyik. Tanıdığımız adama qarşı danlağı müzakirə etməməliyik. Qeybətin şirin hissələrini yeməməliyik, çünki onlar zəhərdir və bir çox münasibətləri zəhərləyəcəklər.

Dördüncü xəstəlik: YALANÇILIQ

Dilin bu xəstəliyini təsvir etmək üçün düzgün olan bir sözdən istifadə etməliyik. İnsan yalan danışmaqda təqsirkar olmamalıdır. Süleymanın Məsəlləri 6:16-19-da Rəbbin nifrət etdiyi yeddi şey qeyd edilir:

"Rəbbin zəhləsi altı şeydən gedir, yeddi şey var, ondan ikrah edir: təkəbbürlə baxan gözlər; yalan danışan dil; nahaq qan tökən əllər; məqsədi şər olan ürək; şərə çatmaq üçün qaçan ayaqlar; nəfəsini yalanla çıxaran yalançı şahid; qardaşlar arasında nifaq salan şəxs".

Rəbb nifrət etdiyi yeddi şeydən üçü dil ilə əlaqəlidir. Birincisi, «yalan danışan dil»; ikincisi, «yalançı şahid» (aydındır ki, bu da dilə aiddir); üçüncüsü, «qardaşlar arasında nifaq salan şəxs» (adətən ixtilaf doğuran məhz sözlər olur). Beləliklə, Rəbbin nifrət etdiyi yeddi şeydən üçü dilə, ikisi isə yalana aiddir. Bu, Süleymanın Məsəlləri 12:22-də yenə qeyd edilir:

"Rəbb yalançı dilə ikrah edər, həqiqəti yerinə yetirənlərdən isə razı qalar".

Burada iki əks münasibət var: ikrah və razılıq. Biz həqiqəti söyləməyəndə yalan danışırıq. Bir söz söyləyəndə biz ya həqiqəti, ya da yalanı danışırıq. Başqa variant yoxdur. Bu həqiqət deyilsə, onda yalandır. Bu yalandırsa, onda Rəbb buna ikrah edir. Bu həqiqətdirsə, Rəbb bundan razı qalır.

Bizim problemimiz ondadır ki, düşüncəmizdə biz bir çox şeyi həqiqət adlandıra bilmirik, lakin buna yalan da deyə bilmirik; onda elə çıxır ki, bu nə ağ, nə də qaradır; bu, ortada olan bozdur. Mən Müqəddəs Kitabın boz sahələr haqqında dediklərini araşdırmaq qərarına gəldim. Bu məsələyə aid Müqəddəs Yazı deyir ki, hər bir yalan iblisdən gəlir. Dəhşətli olsa da, gəlin İsanın sözlərinə müraciət edək. İsa dindar adamlara deyir:

"Siz atanız iblisdənsiniz və atanızın arzularını yerinə yetirmək istə-

yirsiniz. O, başlanğıcdan qatil idi və həqiqətə sadiq qalmadı, çünki onda həqiqət yoxdur. Yalan söyləyəndə öz xasiyyətinə görə söyləyir, çünki yalançıdır və yalanın atasıdır" (Yəhya 8:44).

Hər dəfə ağzımızdan yalan çıxanda bu, iblisdən gəlir.

Yalan xəstəliyinə aid belə bir fakt da var: əgər bu xəstəlik dayandırılmasa və sağaldılmasa, ölümə gətirib çıxaracaq.

"Qorxaqların, imansızların, iyrənclərin, qatillərin, əxlaqsızların, sehrbazların, bütpərəstlərin və bütün yalançıların aqibəti isə od və kükürdlə yanan göldə olacaq; bu, ikinci ölümdür" (Vəhy 21:8).

Buradakı adamlara fikir verin: «Qorxaqlar, imansızlar, iyrənclər, qatillər, əxlaqsızlar, sehrbazlar, bütpərəstlər və bütün yalançılar». Bu xəstəlik məhvə gətirib çıxarır. Başqa yol yoxdur: «Onların aqibəti isə od və kükürdlə yanan göldə olacaq; bu, ikinci ölümdür». İnsan ikinci ölümə bir dəfə göndərilir və bu həmişəlikdir. Mən bunu təkrar etmək istəyirəm: əgər yalançılıq xəstəliyi dayandırılmasa və sağaldılmasa, ölümə gətirib çıxaracaq!

Vəhy 22:15 Allahın şəhəri haqqında danışır:

"İt kimi murdarlar, sehrbazlar, əxlaqsızlar, qatillər, bütpərəstlər və yalanı sevib danışan hər kəssə kənarda qalacaq".

Beləliklə, hər birimiz qərara gəlməliyik: "Mən bu yalançılıq xəstəliyindən şəfa tapmağa, yoxsa həmişəlik məhv olmağa hazırlaşmaq istəyirəm?" Əgər xəstəlik dayandırılmasa və sağaldılmasa, ölümə gətirib çıxaracaq.

Beşinci xəstəlik: YALTAQLIQ

"Ya Rəbb, bizə yardım et, mömin insan qalmayıb, bəşər övladları arasında vəfalılar qurtarıb. Hər kəs başqasına yalan söyləyir, ağzı yalan danışır, ikiüzlülük edir. Qoy Rəbb yalan danışan hər ağzı yumsun, hər lovğa dili kəssin!" (Zəbur 12:1-3).

Burada Davud bəşəriyyətin mənəvi düşkünlüyündən danışır. Hesab edirəm ki, biz bu gün də ətrafımızda bunu görürük. Saleh adamı tapmaq çətindir. Sadiq adamlar yoxa çıxıblar. Nəticədə nə baş verir? «Hər kəs başqasına yalan söyləyir, ağzı yalan danışır». Müqəddəs Kitab Allahın mühakiməsini elan edir: «Qoy Rəbb yalan danışan hər ağzı yumsun, hər lovğa dili kəssin».

Süleymanın Məsəlləri 26:28-də bizə xəbərdarlıq edilir:

"Yalan danışan dil sancdığı adamlara nifrətini göstərər, yaltaqlanan ağız hər yanı xarabaya çevirər".

Əgər biz yaltaq sözlərə qulaq asırıqsa və yaltaqlığı qəbul ediriksə, əgər özümüz yaltaq oluruqsa, axırda məhv olacağıq.

"Bir kişi ki qonşusunu yağlı dilə tutur, onun addımları üçün tor qurur" (Süleymanın Məsəlləri 29:5).

Bunun həqiqi olduğunu öz təcrübəmdən öyrənmişəm. Səmimi olmayan adamlar yaltaq sözlər deyəcəklər. Bunun arxasında başqa niyyət var. Allahın lütfü olmasaydı, dəfələrlə ayağım yaltaqlığın toruna düşəcəkdi, Allahın iradəsindən kənarda olan bir öhdəliyə və ya münasibətə daxil olardım. Beləliklə, yadda saxlayın: «yaltaqlanan ağız hər yanı xarabaya çevirər» və «bir kişi ki qonşusunu yağlı dilə tutur, onun addımları üçün tor qurur».

Altıncı xəstəlik: DÜŞÜNMƏDƏN DANIŞMAQ

"Düşünmədən danışana baxmısanmı? Axmağa ondan artıq ümid var" (Süleymanın Məsəlləri 29:20).

Bu ayə deyir ki, düşünmədən danışsaq bizim vəziyyətimiz axmağın vəziyyətindən daha pis olacaq. Bu çox ciddi sözdür, çünki Müqəddəs Kitab axmaq insan haqqında bir yaxşı söz belə, demir.

Müqəddəs Kitab **yalnız bir dəfə** düşünmədən danışan və nəticədə bunun cəzasını çəkən bir nəfər haqqında yazır. Bu, Musa idi. Allah ona İsrail xalqının qarşısında getməyi, qayaya su versin deyə söyləməyi tapşırdı, Musa da qayadan xalqa su çıxartmalı idi. Amma o, İsrail xalqına hirslənmişdi və onlara dedi: «Ey dönük olanlar, indi dinləyin; bu qayadan sizə su çıxaraqmı?» Sonra qayaya üz tutub söz demək əvəzinə qayanı əsası ilə iki dəfə vurdu (Saylar 20:7-12). Düşünmədən sözlərdə ifadə etdiyi itaətsizlik ona baha başa gəldi: o, İsrail övladları ilə birgə Vəd olunmuş Torpağa daxil olmaq şərəfindən məhrum oldu. Bu, Məzmur 106:32-33-də təsvir edilir:

> *"Onlar Meriva suları kənarında Rəbbi qəzəbləndirdilər, buna görə Musanın başına qəza gəldi: onlar Musanın ruhunu incitdilər, o da düşünülməmiş sözlər dedi".*

Buna fikir verin: kədər ruhu bizi düşünülməmiş sözlər söyləməyə təhrik edir, bu da bizi bir çox şərəf və xeyir-dualardan məhrum edir. Musa düşünmədən söylədiyi bir sözə görə cəza çəkməli oldusa, biz də ehtiyatlı olmalı və düşünmədən söz deməməliyik, çünki sonra buna görə əvəzini baha qiymətə ödəməli olacağıq.

6-cı fəsil
PROBLEMİN KÖKÜ

Allah bizim dilimizin şəfası üçün Müqəddəs Kitabda təminat vermişdir. Bunu əldə etməkdə birinci addım problemin kökünü müəyyən etməkdir. Müqəddəs Kitabdan aydındır və dəqiq bildirilir: **dilimizə təsir göstərən hər problemin kökü ürəkdədir.** Matta 12:33-35-də İsa deyir:

> *"Ya ağaca yaxşı, bəhrəsinə də yaxşı deyin yaxud ağaca pis, bəhrəsinə də pis deyin; çünki ağac bəhrəsindən tanınır. Ey gürzələr nəsli, siz pis olduğunuz halda necə yaxşı şeylər söyləyə bilərsiniz? Çünki ürək doluluğundan ağız danışar. Yaxşı adam yaxşılıq xəzinəsindən yaxşı şeylər çıxarır, pis adam isə pislik xəzinəsindən pis şeylər çıxarır".*

Ürək – ağac, sözlər isə bardır. Ağızdan çıxan sözlər ürəyin vəziyyətini göstərir. Ürək yaxşıdırsa, sözlər də yaxşı olacaq. Ürək şərdirsə, sözlər də şər olacaq. Ürəyimiz ya yaxşı, ya da şər ola bilər – başqa variant yoxdur. Ağızdan çıxan söz ürəyin içindəkiləri göstərir.

Mətbəx döşəməsinə vedrədən təsadüfən bir qədər su töksəniz və döşəməyə tökülmüş suyun çirkli və yağlı olduğunu görsəniz, vedrədəki su qalığını yoxlamağa ehtiyac qalmır. Bilirsiniz ki, vedrədəki su da çirkli və yağlıdır. Ürəyimizlə də belədir. Ağzımızdan pis, natəmiz, inamsız, korlanmış sözlər çıxanda eyni ilə ürəyimizin də bu vəziyyətdə olduğunu göstərir.

Yaqub 3:9-12-dən mətni müqayisə edin, Yaqub din adamlarının davranışı haqqında danışır:

"Dilimizlə Rəbb Ataya alqış edirik. Dilimizlə də Allahın surətində yaradılmış insanları lənətləyirik. Alqış və lənət eyni ağızdan çıxır. Qardaşlarım, bu belə olmamalıdır. Bir bulağın eyni gözündən şirin və acı su çıxarmı? Qardaşlarım, əncir ağacı zeytun və üzüm tənəyi də əncir yetişdirə bilərmi? Eləcə də şor bulaqdan şirin su gələ bilməz".

Yaqub burada iki nümunə gətirir. Biri bulaq, digəri isə ağacdır. O deyir ki, zeytun ağacı heç vaxt əncir kimi başqa meyvə gətirə bilməz. Ağacın növü meyvənin növünü göstərir. Yaqub İsanın gətirdiyi nümunəni təkrar edir. Ağac ürəkdir, meyvə isə ağızdan çıxan sözlərdir. O, həmçinin başqa nümunə gətirərək bulaq barədə danışır. O deyir ki, əgər bulaqdan çıxan su şordursa, onda bulağın da şor olduğunu bilirsiniz.

Bu iki nümunə oxşardır, ancaq eyni deyil. İki ağac iki növ təbiəti təmsil edir. Pis ağac köhnə insanın və ya günahlı təbiətin rəmzidir. Yaxşı ağac İsa Məsihdə olan yeni insan və yeni təbiətdir. Günahlı təbiət yaxşı bar gətirə bilməz. İsa bu barədə dəfələrlə söyləyib. Köhnə, cismani təbiətdən həmişə həmin təbiətə müvafiq olan meyvə gələcək.

Bulaq ruhani bir şeyi təmsil edir. Təmiz bulaq Müqəddəs Ruhdur. Korlanmış, duzlu, natəmiz su mənbəyi isə başqa ruhdur.

Beləliklə, iki problem ağız vasitəsilə aşkar olunur: birincisi, köhnə, korlanmış, yenilənməmiş təbiətdir ki, korlanmış barı gətirməkdə davam edir; ikincisi, Müqəddəs Ruh olmayan bəzi ruhdur ki, çirkli və şor su çıxarır. Hər iki nümunədə təlimin mahiyyəti həminkidir: ürəyimizin daxili vəziyyəti ağzımızdan çıxan sözləri müəyyən edir. Beləliklə, dilin problemi bizi mütləq ürəkdə olan problemə gətirir.

Süleymanın söylədiyi həqiqət belədir:

"Hər şeydən əvvəl öz ürəyini qoru, çünki həyat çeşməsi odur" (Süleymanın Məsəlləri 4:23).

«Çeşmə» sözü Yaqubun istifadə etdiyi bulaq nümunəsinə bənzəyir. Bulaqdan çıxan su həmin bulağın necə olduğunu göstərir. Ürəkdən həyat axını gəlir. Həmin bu həyat axını və ağzınızdan çıxan sözlər sizin ürəyinizdə yaranır. Əgər mənbə təmizdirsə, ondan gələnlər də təmiz olacaq. Əgər mənbə xarabdırsa, ondan gələnlər də korlanmış olacaq.

İndi isə başqa ayəyə nəzər salaq:

"Diqqət edin ki, heç kim Allahın lütfündən məhrum olmasın, aranızda bir acı kök böyüyüb əziyyət verməsin və bununla bir çoxlarını murdar etməsin. Qoy heç kim əxlaqsız və yaxud Esav kimi allahsız olmasın. O, bir qab xörəyə görə öz ilk oğulluq haqqını satdı" (İbranilərə 12:15-16).

Esav ilk oğulluq haqqına malik idi, ancaq o, onu satdı və itirdi. Ruhdan doğulduqda bizə müəyyən hüquqlar və Allahın vədləri verilir, lakin düzgün davranmasaq, mənfi xəbərlə qayıdan on casus kimi bu hüquqları və mirasımızı itirəcəyik.

Esavın belə davranışının səbəbi onun ürəyində olan acı kökdən gəlirdi. Onun ürəyində qardaşı Yaquba qarşı acıqlılıq var idi. Ürəyindəki acıqlılığın kökü onun həyatında acı bar gətirdi, bu da onun həyatını korladı və onun ilk oğulluq haqqının itirilməsinə gətirib çıxartdı (Yaradılış 25:19-34). Beləliklə, problemin kökü onun ürəyində idi.

Müqəddəs Kitab bizə xəbərdarlıq edir: ürəyimizdə acıqlılığın kökü varsa, digərlərini də yoluxdura bilər. Dilin pis, mənfi istifadəsi yoluxucudur. On casus mənfi məlumatla geri qayıtdı. Onlar **bütün milləti** korladılar. Həmin pis xəstəlik bütün millətə yoluxdu. Məhz buna görə Allah bu məsələyə bu qədər ciddi yanaşır. Bu, yoluxucu xəstəlikdir.

Ürəyimizdə pis köklərin olmasını nümayiş etdirən başqa nümunələr də var. Bu pis köklər bizim dilimiz vasitəsilə ifadə olunur və problemlər doğurur; problemlər bizi Allahın xeyir-dualarından məhrum edir. Bizdə incikliyin, inamsızlığın, natəmizliyin və ya qürurun kökləri ola bilir. Sözlərimiz ürəyimizdəki kökü göstərir. Biz mərhəmətli və xeyirxah olmağı arzulaya bilərik, ancaq incikliyin kökü inciklik ruhu ilə sözlərimizi zəhərləyəcək. Biz yaxşı sözlər deməyə cəhd edəcəyik, ancaq bu sözlər yaxşı çıxmayacaq. Biz imanlı olduğumuzu iddia edə bilərik, ancaq inamsızlığın kökü bizi on casus kimi Allahın vədlərinə «lakin» sözünü əlavə etməyə məcbur edəcək. Eyni şey natəmizliyə və qürura da aiddir.

Səhradakı dizenteriya xəstələrini yoxlayan həkimi yada salın. Birinci sual «Sabahınız xeyir, necəsiniz?» idi, ancaq əslində həkim bu sualın cavabına çox fikir vermirdi. "Mənə dilinizi göstərin» – həkimi əsasən bu maraqlandırırdı. Allah sizə "Mənə dilinizi göstərin» desə, nə olacaq?

7-ci fəsil

ŞƏFAYA TƏRƏF İLK ADDIMLAR

Dil probleminə aid üç – sadə, təcrübi və Müqəddəs Kitaba uyğun olan addımlara nəzər salmağa izin verin.

1-ci addım: PROBLEMİNİZİ DÜZGÜN İFADƏ EDİN – GÜNAH.

Düzgün olmağımız vacibdir. Dəbdə olan müasir psixoloji terminlərdən istifadə edərək problemi ört-basdır etsək, bəhanə gətirsək, problemə göz yumsaq heç nə baş verməyəcək. İlk növbədə düzgün *olmalıyıq*. Bunu mən həm özümdə, həm də bir çoxlarında görmüşəm. Həqiqətə yaxınlaşanda Allah hərəkət edir və bizə kömək edir. Problemimizi doğrultmağa, örtməyə və ya yaxşı şəkildə təqdim etməyə çalışanda Allah bizimlə heç nə etmir. Bəzən biz deyirik: «Allah, niyə mənə kömək etmirsən?» Allah cavab verir (biz Onu eşidə bilmirik, ancaq Allah mütləq belə cavab verir): «Sənin düzgün olmağını gözləyirəm. Özünə və Mənə qarşı düzgün olmalısan».

Bu, birinci və ən vacib addımdır. Bu addımı atandan sonra növbəti addıma keçə bilərsiniz. Probleminizi düzgün ifadə edin: günah.

Dindar adamlar dildən səhv istifadəni doğrultmağın və ya ört-basdır etməyin bir çox müxtəlif yollarını tanıyırlar. Onlar fikirləşirlər ki, dediklərinin böyük əhəmiyyəti yoxdur, ancaq Allah deyir ki, bunun əhəmiyyəti çox böyükdür. Əslində biz gördük ki, sözlər insanın gələcəyini müəyyən edir. İsa dedi: «Öz sözlərinə görə haqq qazanacaqsan və öz sözlərinə görə məhkum olunacaqsan» (Matta 12:37). Bu ciddi məsələdir. Bununla zarafat etməyin. Həqiqətlə üzləşin və deyin: «Mənim problemim var: bu, günahdır». Siz bu mərhələyə gələndən sonra ikinci addıma hazır olursunuz.

2-ci addım: GÜNAHINIZI ETİRAF EDİN, MƏRHƏMƏTİ VƏ PAKLIĞI ƏLDƏ EDİN.

1Yəhya 1:7-9 bunu təsvir edir:

"Allah nurda olduğu kimi biz də nurda gəziriksə, onda bir-birimizlə şərikliyimiz var və Onun Oğlu İsanın qanı bizi hər günahdan təmizləyir. Əgər günahsız olduğumuzu iddia ediriksə, özümüzü aldadırıq və daxilimizdə həqiqət yoxdur. Amma günahlarımızı etiraf ediriksə, Allah sadiq və ədalətli olduğu üçün günahlarımızı bağışlayacaq və bizi hər haqsızlıqdan təmizləyəcək".

Yenə də, biz düzgün olmağın əhəmiyyətini görürük. İsanın Qanı qaranlıqda təmizləmir. Yalnız nura gələndən sonra biz İsanın Qanı ilə təmizlənə bilərik. Əgər nurda gəziriksə, İsa Məsihin Qanı daim bizi təmizləyir və günahdan təmiz saxlayır. Əgər heç bir günaha malik olmadığımızı deyiriksə (bunun böyük problem olduğunu artıq qeyd etmişəm), biz özümüzü aldadırıq, bizdə həqiqət yoxdur

və biz nurda *gəzmirik*. Biz hələ də qaranlıqdayıq və burada Allahın
təminatı olmur.

Əgər öz günahlarımızı etiraf edir, nura gəlir və problemimizin
həqiqi mahiyyətini və ciddiliyini etiraf ediriksə, onda «Allah sadiq
və ədalətli olduğu üçün günahlarımızı bağışlayacaq və bizi hər haq-
sızlıqdan təmizləyəcək». Burada iki söz istifadə edilir: "sadiq" və
"ədalətli». Allah sadiqdir, çünki O vəd edib və Öz vədini yerinə ye-
tirəcək. Allah ədalətlidir, çünki İsa artıq bizim günahlarımız üçün
cəzanı ödəmişdir; buna görə də, Öz ədalətini pozmadan bizi bağış-
laya bilər.

Əgər günahlarımızı etiraf ediriksə, Müqəddəs Kitab bizə zə-
manət verir: Allah sədaqətdə və ədalətdə bizə günahlarımızı bağış-
layacaq və bütün haqsızlıqdan təmizləyəcək. Allah yalnız bağışla-
mır, O, həmçinin bizi təmizləyir və bu, çox vacibdir. Həyat mənbəyi
olan ürək təmizlənəndən sonra biz daha eyni günahlarda davam
etmirik.

Günahlarınızın bağışlandığını hesab edir, ancaq təcrübədə hələ
təmizlənmədiyinizi görürsünüzsə, həqiqətən bağışlandığınıza şüb-
hə ilə yanaşmağı məsləhət görürəm. Bağışlayan Allah həm də tə-
mizləyir. Bağışlanmanı vəd edən Müqəddəs Kitab, həmçinin təmiz-
lənməyi də vəd edir. Allah heç vaxt yarı yolda dayanmır. Şərtlərə
uyğun olsaq xeyir-duanı alırıq. Şərtlərə uyğun olmasaq xeyir-duanı
yarımçıq almırıq; biz heç nə almırıq. "...günahlarımızı etiraf edirik-
sə, Allah sadiq və ədalətli olduğu üçün günahlarımızı bağışlayacaq
və bizi hər haqsızlıqdan təmizləyəcək". Ürəyimiz təmizlənəndən
sonra daha problem olmayacaq. Yadda saxlayın, ürəyin vəziyyəti
ağızdan çıxanı müəyyən edir. Təmiz ürək natəmiz sözləri çıxara bil-
məz. Natəmiz sözlər çirkli ürəyi göstərir.

Birincisi, biz nura gəlir, etiraf edir və problem ilə Allaha tərəf dö-
nürüksə, Allah sadiq və ədalətli olduğu üçün günahlarımızı bağış-
layacaq. Keçmişə aid yazılar silinir, peşman olduğunuz bütün şeylər
yox olur. İkincisi, Allah sizin ürəyinizi təmizləyir. Sonra da, təmiz
ürəkdən ağzınıza təmiz sözlər gəlir. Ürəyiniz Allahı izzətləndirirsə,
ağzınız da Allahı izzətləndirəcək. Allah dilin və ağzın problemini
ürəyin vəziyyətini dəyişməklə həll edir.

3-cü addım: GÜNAHDAN İMTİNA EDİN, ALLAHA TABE OLUN.

Sikkənin iki əks tərəfi olduğu kimi, birlikdə gedən mənfi və müsbət xüsusiyyətlər də var. Siz hər iki yol ilə iradənizi məşq etdirməlisiniz. Siz günaha «xeyr», Allaha isə «bəli» deməməli, hər ikisini etməlisiniz. Siz Allaha «bəli» demədən günaha «yox» deyə bilmirsiniz, çünki eyni problem ilə yenə dolan vakuumda olacaqsınız. Siz Allaha tabe olmadan günahdan qaça bilməzsiniz.

Romalılara 6:12-14-də Paul deyir:

"Ona görə də qoymayın ki, günah sizin fani bədəninizə hökmranlıq etsin və siz də bədəninizin ehtiraslarına itaət edəsiniz. Bədəninizin üzvlərini də haqsızlıq aləti olmaq üçün günaha təslim etməyin; əksinə, özünüzü ölülər arasından dirilənlər kimi Allaha, bədəninizin üzvlərini də salehlik aləti olmaq üçün yenə Allaha təslim edin. Günah sizə hökmranlıq etməyəcək, ona görə ki siz Qanun altında deyil, lütf altındasınız".

Günah sizi yoldan çıxaranda deyin: «Xeyr, mən sənə təslim olmayacağam; bədənimin üzvləri sənə təslim olmayacaq. İlk növbədə məni ən böyük bəlaya salan üzvümü – dilimi sənə təslim etdirməyəcəyəm. Günah, sən daha dilimi idarə edə bilməzsən».

Sonra Allaha tərəf dönün və deyin: «Allah, mən Sənə öz dilimi təslim edirəm və özüm idarə edə bilmədiyim üzvü idarə etməyini Səndən xahiş edirəm».

Gəlin görək Yaqub nə deyir:

"İstər heyvanların, istərsə də quşların, istər sürünənlərin, istərsə də dəniz məxluqlarının hər cinsi insan nəsli tərəfindən əhliləşdirilir və əhliləşdirilmişdir. Amma dili heç bir insan əhliləşdirə bilmir. Dil qarşısıalınmaz bəladır və öldürücü zəhərlə doludur" (Yaqub 3:7-8).

Bu faktı qəbul etməlisiniz: siz öz dilinizi əhliləşdirə və ya idarə edə bilmirsiniz. Tək bir qüvvə var ki, dilinizi idarə edərək xeyirə işlədə bilər. Bu, Müqəddəs Ruhun vasitəsilə işləyən Allahın qüdrətidir. Siz bağışlanandan və təmizlənəndən sonra diliniz yenə günahlı yol ilə istifadə olunmağa sınağa çəkilir. Onda siz deməlisiniz: «Ey günah, dilimdən istifadə edə bilməzsən; mən dilimi sənə verməkdən imtina edirəm». Sonra siz Müqəddəs Ruha deməlisiniz: «Müqəddəs Ruh, dilimi Sənə təslim edirəm. Öz dilimi idarə edə bilmirəm. Xahiş edirəm dilimi Sən idarə et».

Bu üç addımı yenidən nəzərdən keçirək. Əvvəlcə, probleminizi düzgün ifadə edin: bu, günahdır. İkincisi, günahınızı etiraf edin, sonra bağışlanmanı və təmizlənməni qəbul edin. Üçüncüsü, günaha təslim olmaqdan imtina edin; Allaha təslim olmağı qərara alın. Bu, qurtuluş və şəfa prosesinin ən son nöqtəsidir. Bu, heç vaxt idarə edə bilmədiyiniz üzvü Müqəddəs Ruh olan Allaha təslim etməkdir.

8-ci fəsil
SİZƏ DİL VERİLMƏYİN SƏBƏBİ

Biz artıq gördük ki, dilimizə təsir göstərən hər problemin kökü ürəyimizdədir. Aydındır ki, dilimizə təsir göstərən problemi həll etmək üçün əvvəlcə ürəyimizdəki problemin kökünü həll etməliyik.

Dilimizə təsir göstərən problemin ürəyimizdəki kökünü həll edən üç addımı artıq nəzərdən keçirdik. Birincisi, probleminizi "günah" adlandırın. Düzgün olun. Allah sizinlə həqiqət əsasında davranır. Allah həqiqət Allahıdır. Müqəddəs Ruh Həqiqət Ruhudur.

İkincisi, günahı etiraf edin, 1Yəhya 1:9-da verilən vədin əsasında bağışlanmanı və təmizlənməni qəbul edin:

"Günahlarımızı etiraf ediriksə, Allah sadiq və ədalətli olduğu üçün günahlarımızı bağışlayacaq və bizi hər haqsızlıqdan təmizləyəcək".

Allah yalnız keçmişi bağışlamır. O, problemin kökünü həll edərək ürəyi təmizləyir. Sonra ürəkdən çıxan bar da fərqli olur.

Üçüncüsü, günahdan imtina edin və Allaha təslim olun. Günaha «yox», Allaha «bəli» deyin. Günahdan imtina edin və Müqəddəs

Ruha təslim olun. Dilinizi idarə edə bilən yeganə qüvvə Müqəddəs Ruhdur.

Gəlin üçüncü addımın müsbət tərəfi olan "dilimizi Allaha təslim etməyə" daha çox diqqət yetirək.

Əvvəlcə biz əsl səbəbi başa düşməliyik: Yaradan hər birimizə dil ilə ağzı niyə verdi? Müqəddəs Kitabda buna cavab var; yalnız iki mətni müqayisə etməklə Müqəddəs Kitabdakı bu həqiqəti anlamaq mümkündür. İki mətni ayrı-ayrılıqda nəzərdən keçirək.

Nəzərdə tutduğum mətnlərdən biri Əhdi-Ətiqdən, digəri isə Əhdi-Cəddiddəndir. Əhdi-Cədid Əhdi-Ətiqdəki mətnə istinad edir və ona yeni məna verir: "Rəbbə həmişə üz tutmuşam, sağımda olduğu üçün sarsılmaram. Elə bunun üçün qəlbim sevinir, ruhum şad olur, cismim əmin-amanlıqda yaşayır" (Zəbur 16:8-9).

Lütfən, «ruhum şad olur» ifadəsinə fikir verin. Allahın Ruhunun endiyi Pentikost günündə izdiham toplaşmışdı və Peter vəz edirdi. O, İsanın həyatı, ölümü və dirilməsi barədə hər şeyi xatırladırdı. İsanın həqiqətən Məsih və Allahın Oğlu olduğunu sübut etmək üçün Peter Əhdi-Ətiqdən müxtəlif ayələrə istinad edirdi. Peter, həmçinin Zəbur 16:8-9-a istinad etdi. Bu, Həvarilərin İşləri 2:25-26-da qeyd olunub. Burada Peter deyir:

> *"Davud da Onun barəsində demişdi: "Rəbbə həmişə üz tutmuşam, sağımda olduğu üçün sarsılmaram. Elə bunun üçün qəlbim sevinir, dilim şad olur, cismim belə, ümidlə yaşayır"* .

İndi isə bu iki əsas sözlərə nəzər salaq: Məzmur 16:9-da «ruhum şad olur» və eyni ayəyə istinad edən Həvarilərin İşləri 2:26-da "dilim şad olur". Davud Zəburda «ruhum» deyir; Müqəddəs Ruh ilə ilhamlanmış Peter isə «dilim» deyir. Bu, çox dərin və vacibdir: dilimiz şad olur. Soruşa bilərsiniz: "Axı niyə?" Cavab odur ki, Yaradan hər birimizə dili Onu izzətləndirmək üçün verdi. Sizə və mənə dilin verilməsinin yeganə səbəbi bu dil ilə Allahı izzətləndirməkdir. Məhz bu halda dilimiz şad olur. Bu üzv vasitəsi ilə biz Yaradanı izzətləndirə bilərik. Bu, çox mühüm əhəmiyyətli bir nəticəyə gətirir. Dilimiz Allahı izzətləndirmək üçün istifadə olunanda öz ixtisası üzrə istifadə olunur, çünki dil bizə Allahı izzətləndirmək üçün verilmişdir.

Biz Romalılara 3:23-də Paulun məşhur sözlərinə istinad edə bilə-rik: *"Hamı günah edib, Allahın izzətindən məhrum olub".*

Günahın mahiyyəti mütləq bir dəhşətli cinayət etmək deyil. Günahın mahiyyəti Allahın izzətindən məhrum olmaq və ya Allahın izzəti üçün yaşamamaqdır. Adamlar bununla mübahisə edərək deyə bilər: «Bu, mənə aid deyil; mən heç vaxt Allahın izzətindən məhrum olmamışam».

Dilinizdən necə istifadə etdiyinizə fikir verməyinizi sizdən xa-hiş edirəm. Yadda saxlayın ki, sizə dilin verilməsinin yeganə səbəbi Allahı izzətləndirməkdir. Allahı izzətləndirmədən dilinizin hər isti-fadəsi səhv istifadədir. Mən hesab etmirəm ki, öz dilindən həmişə Allahın izzəti üçün istifadə etdiyini kimsə vicdanla deyə bilər. Buna görə də, biz Paulun bəyanatının həqiqətini etiraf etməliyik: hər biri-miz günah işlətmişik və Allahın izzətindən məhrum olmuşuq. Başqa bir sahədə günah olmasa da, dilimizin sahəsində günah mütləq var.

İnsanın dilində iki müxtəlif növ od görüşür. Birincisi, cəhənnəm-dən gələn oddur ki, ruhdan doğulmamış təbii günahkarın dilini alışdırır. Yaqub deyir:

"Dil də oddur. Dil bədən üzvlərimizin arasında haqsızlıq dünyası-dır. O, bütün bədənimizi ləkələyir və özü cəhənnəmdən odlandırıl-dığı kimi həyatımızın gedişatını da odlandırır" (Yaqub 3:6).

İnsan dilində olan bu od cəhənnəmin özündən gəlir və cəhən-nəm yaradır. Lakin Allahın yer üzündə Öz izzəti üçün istifadə et-mək istədiyi və günahdan satın aldığı cəmiyyəti yaratdığı Pentikost günündə başqa mənbədən başqa növ od gəldi. Müqəddəs Ruhun odu cəhənnəmdən deyil, Səmadan gəldi. İlk dəfə bu od həvarilərin dilində işləndi. Başqa sözlə, Səmadan gələn Allahın odu təbii dilin cəhənnəm odunu qovdu. Cəhənnəmdən olan od təmizləyən, pak edən və Allahı izzətləndirən od ilə əvəz edildi. Həvarilərin İşləri 2:1-4-ü nəzərdən keçirin:

"Əllinci Gün bayramı zamanı onların hamısı bir yerə yığılmışdı. Birdən güclü külək uğultusu kimi göydən bir səs gəlib onlar oturan evin hər tərəfini bürüdü. Onlara göründü ki, nə isə alov kimi dillərə

parçalanaraq hər birinin üstünə düşür. Onların hamısı Müqəddəs
Ruhla doldu və Ruhun danışdırdığına görə başqa dillərdə danışma-
ğa başladılar".

Fikir verin ki, Ruh əvvəlcə onların dilində işləməyə başladı.
Səmadan gələn Allahın odu onlara dildən istifadə etməyin yeni
yolunu verdi. Müqəddəs Kitab aydın bildirir ki, sonra onların
Müqəddəs Ruh vasitəsilə söylədikləri hər söz Allahı izzətləndirirdi.
Onlar öz dillərindən Allahın niyyətinə uyğun istifadə etməyə baş-
ladılar.

Bu problemin əsas həlli dilimizi Müqəddəs Ruha təslim etmək-
dir: Efeslilərə 5:17-20-də Paul deyir:

"Buna görə ağılsız olmayın, Rəbbin iradəsini dərk edin. Şərabdan
sərxoş olmayın, bu sizi mənəviyyatsızlığa aparır. Bunun əvəzinə
Ruhla dolun. Bir-birinizə məzmurlar, ilahilər və ruhani nəğmələr
oxuyun, Rəbbə ürəkdən nəğmələr çalıb-oxuyun. Həmişə hər şeyə
görə Rəbbimiz İsa Məsihin adı ilə Ata Allaha şükür edin".

Biz bunların hər ikisinə birlikdə nəzər salmalıyıq. Şərabdan
sərxoş olmaq günahdır, ancaq Müqəddəs Ruhla dolmamaq da gü-
nahdır. Bu əmrlərin hər ikisi eyni həqiqətdir. Şərab ilə sərxoş olma-
yın, ancaq Müqəddəs Ruhla dolun. Müəyyən mənada bu, sərxoş-
luğun iki müxtəlif növüdür, çünki Pentikost günündə adamlar ilk
dəfə Müqəddəs Ruhla dolanda istehza edənlər dedilər: «Bunlar...
sərxoş olublar». Müəyyən mənada onlar sərxoş olmuşdular, ancaq
bu, tamamilə fərqli sərxoşluq növü idi. Onlar şərab ilə sərxoş deyil-
dilər, Müqəddəs Ruhla dolmuşdular. Sonra Paul davam edir:

"Bir-birinizə məzmurlar, ilahilər və ruhani nəğmələr oxuyun, Rəbbə
ürəkdən nəğmələr çalıb-oxuyun. Həmişə hər şeyə görə Rəbbimiz İsa
Məsihin adı ilə Ata Allaha şükür edin" (Efeslilərə 5:19-20).

Fikir verin ki, insana Müqəddəs Ruhla dolandan sonra danışmaq
əmri verilir. Əhdi-Cədiddə on beş yerdə Müqəddəs Ruhla dolu olan
və ya Müqəddəs Ruhla dolan adamlar haqqında danışılır. Hər dəfə

də ilk təzahür ağızdan çıxan sözlər olub. «*Ürək doluluğundan ağız danışar*» (Luka 6:45).

Siz Müqəddəs Ruhla dolanda birinci təzahür sizin ağzınızdan çıxacaq, dilinizdən gələcək. Deyinmək, şikayətlənmək, tənqid etmək və inamsız danışmaq əvəzinə, Paul deyir ki, danışın: məzmurlar, ilahilər oxuyun, həmişə hər şeyə görə şükür edin. Dilinizdən mənfi deyil, müsbət istifadə edəcəksiniz.

Həyatımızda hər günah problemi həll olunandan sonra müsbət bir şey gəlməlidir. Günahdan imtina etmək kifayət deyil; biz saleh olmalıyıq. Dilinizi iblisə təslim etməkdən *imtina* etməyiniz kifayət deyil; siz dilinizi Müqəddəs Ruha təslim etməlisiniz. Müqəddəs Ruhla dolun və sonra danışın: əlac budur.

9-cu fəsil
İQRAR ETDİYİMİZ SÖZLƏRİN ƏHƏMİYYƏTİ

Dilimizdən düzgün istifadə etməyin bizi Baş Kahinimiz İsa Məsih ilə xüsusi yolla necə əlaqələndirdiyini görməliyik. İsanın Baş Kahinliyi əbədi xidmətdir ki, səmada daim davam edir. Günah problemimizi həll edəndən, öləndən və diriləndən sonra İsa göylərə qalxdı. İndi O, Allahın hüzurunda bizi həmişəlik təmsil edir; bizim əbədi Baş Kahinimiz kimi xidmətə daxil oldu. Əgər dilimizlə düzgün etiraf ediriksə, İsa bizim Baş Kahinimizdir.

İbranilərə Məktubun müəllifi deyir:

"Bu səbəbə görə, ey səmavi çağırışa ortaq olan müqəddəs qardaşlar, əqidəmizin Elçisi və Baş Kahini İsa haqqında düşünün" (İbranilərə 3:1).

Axırıncı sözə fikir verin. İsa əqidəmizin Elçisi və Baş Kahinidir. İqrar etdiyimiz sözlər Baş Kahin İsa ilə bizi əlaqələndirir. Əgər biz sadəcə inanırıqsa, ancaq heç bir etirafı etmiriksə, onda O, Baş Kahin kimi bizə aid olmur. Ürəyimizdəki inama görə deyil, etirafımız əsasında İsa bizim Baş Kahinimiz olur.

Düzgün etiraf etmək və bunu saxlamaq çox vacibdir. «Etiraf» sözü «digəri kimi eyni sözü demək» mənasını daşıyır. Etiraf – ağzımızla Allahın Müqəddəs Kitabda dediyi sözü deməkdir. Yəni ağzımızın sözləri Müqəddəs Kitabda olan Allahın Kəlamı ilə uyğun gəlməlidir.

Öz sözlərimizi inamla Allahın Müqəddəs Kitabdakı sözü ilə uyğun edəndə Allahın hüzurunda olan İsaya Onun Baş Kahinliyini bizə aid etməyə imkan veririk. Səhv etiraf ediriksə, Onun xidmətini pozuruq. Bu, düzgün etirafımızdan asılıdır. Etirafımız Baş Kahinimiz İsa ilə bizi əlaqələndirir. İbranilərə Məktubda bu iki dəfə qeyd edilir. Birinci istinad İbranilərə 4:14-dədir:

"Allahın Oğlu İsa göylərdən keçən böyük Baş Kahinimiz olduğuna görə əqidəmizi möhkəm tutaq".

İqrar etdiyimiz sözlər Baş Kahin *İsa ilə* bizi əlaqələndirməyə davam edir. Yenə də, İbranilərə Məktubda oxuyuruq:

"Həm də O, Allahın evi üçün cavabdeh olan böyük bir Kahinimizdir. Ümid verən əqidədən möhkəm tutaq, çünki vəd verən Allah sadiqdir" (İbranilərə 10:21, 23).

Baş Kahinimiz İsa haqqında danışanda İbranilərə Məktubun müəllifi hər dəfə inam və ümidimizin etirafından möhkəm tutmağımız barədə danışır. Etirafımız Baş Kahinimiz İsa ilə bizi əlaqələndirir. İqrar etdiyimiz sözlərdən möhkəm tutmasaq Onun bizə olan xidmətini alt-üst edəcəyik. Əslində düzgün etiraf xilas üçün zəruridir.

"Bəs onda nə deyilir? «Kəlam sənə çox yaxındır, o, sənin dilində və ürəyindədir». Biz elə həmin iman kəlamını vəz edirik: əgər sən İsanın Rəbb olduğunu dilinlə iqrar edib Allahın Onu ölülər arasından diriltdiyinə ürəkdən inansan, xilas olacaqsan. Çünki insan ürəkdən iman etməklə saleh sayılır və dili ilə iqrar etməklə xilas olur" (Romalılara 10:8-10).

Yenə də, əvvəllər gördüyümüz kimi, ürəklə ağız arasında bir-başa əlaqə mövcuddur. İsa dedi: «...*ürək doluluğundan ağız danışar*» (Luka 6:45). Xilas iki şeydən – ürəyimizdə inamı tətbiq etmək və ağzımızla düzgün etiraf etməkdən asılıdır.

Müqəddəs Kitabda «xilas» sözü Allahın İsa Məsihin ölümü vasitəsi ilə bizim üçün təyin etdiyi bütün xeyir-duaları və təminatları özündə birləşdirir. Buraya ruhani, fiziki, maddi, müvəqqəti və əbədi xeyir-dualar daxildir. İsanın ölümü ilə alınmış bütün bu xeyir-dualar «xilas» sözündə cəmlənir.

Həyatımızın hər sahəsində Allahın xilasını tam yaşamaq üçün biz düzgün sözləri iqrar etməliyik. İstənilən sahədə biz Allahın Öz Kəlamında dediyi sözü deməliyik. İqrar etdiyimiz sözlər Allahın Kəlamı ilə uyğun gələndə xilasda Allahın tam təminatını qəbul edirik və Baş Kahinimiz İsa göylərdə bizi təmsil edir. İqrar etdiyimiz sözlər əsasında bizə kömək edən İsa ilə xilasımızın bol təminatını əldə etməyə bizə heç nə mane ola bilməz. İqrar etdiyimiz sözlər Baş Kahinimiz İsa ilə bizi əlaqələndirir. Məhz buna görə ağzımızdan çıxan söz təcrübəmizi müəyyən edir .

Gəlin bir anlıq insan həyatının sükanı olan dilin illüstrasiyasına qayıdaq.

"Bax gəmilər də böyük olduqları və güclü küləklər tərəfindən aparıldıqları halda sükançının könlü haraya istəyirsə, kiçicik bir sükanla oraya dönür. Dil də elədir, bədənin kiçik üzvüdür, amma çox öyünür" (Yaqub 3:4-5).

Sükan gəmi üçün əhəmiyyətli olduğu kimi, dil də bizim bədənimizə və ya həyatımıza eyni əhəmiyyəti kəsb edir. Sükanın düzgün istifadəsi gəmini müvafiq şəkildə yönəldir. Səhv istifadə isə gəmini qəzaya uğradır. Dil də belədir. Dilin düzgün istifadəsi insana müvəffəqiyyət və xilasın bolluğunu gətirir. Səhv istifadə isə qəza və uğursuzluq gətirir.

Gəmi dəniz bələdçisi tərəfindən çox balaca sükan ilə tənzimlənir. Böyük okean laynerinin çox təcrübəli kapitanı ola bilər, amma o, limana daxil olanda ona gəmiyə lövbər atmasına icazə verilmir. Qaydaya görə kapitan dəniz bələdçisini borta götürməlidir, sükandan istifadə etmək və gəminin lövbərini atmaq məsuliyyəti ona tapşırmalıdır.

Siz və mən həyatımızı idarə etməyi bacardığımızı hiss edə bilərik, ancaq elə vəziyyətlər var ki, biz bunu edə bilmirik. Biz borta bələdçini götürməli və məsuliyyəti öz üzərinə götürməyə ona imkan verməliyik. Sizcə, o bələdçi kimdir? Əlbəttə, Bələdçi Müqəddəs Ruhdur! Yalnız Müqəddəs Ruh dilimizdən düzgün istifadə və müvafiq sözləri iqrar etməyə bizi qadir edə bilər.

Müqəddəs Ruh Həqiqət və inam Ruhudur. O, bizə düzgün niyyət verəndə, sözlərimizi və danışığımızı idarə edəndə sözlərimiz müsbət olur. Onda nitqimiz Allaha izzət, həyatımıza da Allahın xeyir-duasını gətirir. Hər birimiz dilimizi idarə etməklə həyatımızı istiqamətləndirən bələdçiyə - Müqəddəs Ruha ehtiyac duyuruq. Müqəddəs Ruh insan dilinin probleminin tam həllidir.

Allah bizə uğursuzluğa uğramağa icazə verir. O deyir: «Heç biriniz öz dilinizi idarə edə bilmirsiniz». Sonra isə O deyir: «Ancaq mənim bir Bələdçim var. Onu borta dəvət edirsinizmi?» Siz bu suala yalnız buna bənzər dua ilə cavab verə bilərsiniz:

"Müqəddəs Ruh, mən doğrudan da öz dilimi idarə edə bilmirəm. Gəl və idarəni Öz əllərinə götür. Mən Sənə təslim oluram. Mənə Allahı izzətləndirən dil ver. Amin".

www.ingramcontent.com/pod-product-compliance
Lightning Source LLC
Chambersburg PA
CBHW071758020426
42331CB00008B/2317